Der kleine Rechtschreib-Silben-Lotse

Strategisches Rechtschreibtraining
nach Buschmann und FRESCH

Lösungen

Klasse 2

Vorwort

Liebe Kolleginnen und Kollegen,
liebe Eltern,

nach dem großen Erfolg des Rechtschreib-Silben-Lotsen folgt nun auf vielfachen Wunsch der kleine Bruder für die Eingangsstufe. Die vorliegenden Arbeitsblätter verknüpfen die erfolgreichen strategiegeleiteten Förderkonzepte von Buschmann und FRESCH mit der Absicht, Schülern grundlegende Einsichten in unsere Schriftsprache zu vermitteln. Sie entdecken dabei auf leicht verständliche und motivierende Weise, wie Wörter systematisch aufgebaut sind. Das ist eine wesentliche Voraussetzung, damit Strategien erkannt und eingesetzt werden und letztendlich Rechtschreiben gelingen kann.

Nach einem kurzen Exkurs in den Silben- und Wortaufbau werden die Schüler an Rechtschreibstrategien herangeführt. Dabei ist das verwendete Wortmaterial schwierigkeitsgestuft aus dem Grundwortschatz der Klassen 1 und 2 aufgebaut, sodass die Übungen sehr leicht von den Schülern durchgeführt werden können.

Der Autor ist Rektor einer Stützpunktschule für LRS und Fortbildner im Auftrag des Staatlichen Schulamtes Künzelsau. Weitere Fördermaterialien von ihm erhalten Sie in unserem Verlag.

Inhaltsverzeichnis

Abc Kapitäne und Matrosen — AB 1

1. Setze in das Alphabet die fehlenden Selbstlaute (a, e, i, o, u) ein.
   Für uns sind es Kapitäne.
   a b c d e f g h i j k l m n o p q r s t u v w x y z

2. Male alle anderen Mitlaute schwarz an.
   Sie werden unsere Matrosen sein.
   a b c …

3. Wörter bestehen aus Silben. So kann ein Wort aus einer oder mehreren Silben bestehen. Das sind unsere Boote.
   Jedes Silbenboot braucht einen Kapitän.
   Male in den Wörtern den grün an.
   am bin der gut hat noch Tor wo

4. Manchmal ist der etwas verändert.
   Kennzeichne hier den Umlaut (ä, ö, ü) grün.
   für Füße grün hält Käse mögen Öl schön

5. Es gibt aber auch wie au (äu), ei, ai, eu, ui.
   Kennzeichne auch diese Kapitäne grün.
   Haus Heu heiß Mäuse Mai pfui scheu frei

Lotsen verbinden Silbenboote (1) — AB 2

1. Es gibt Wörter mit einem Silbenboot.
   Male **grün** und **schwarz** an.

acht auch Bein Buch Dach gut Heft Hals
hell ist Kopf leicht neu nur Rad Tor warm

2. Die meisten deutschen Wörter haben zwei Silbenboote.
   Hier gibt es . Male sie **grün** an und zeichne Silbenboote.

> **Achtung:**
> Steht der erste Kapitän am Ende des Silbenbootes, wird er lang gesprochen.

baden Esel Feder geben gehen Hase
heute Honig hören Juli kaufen Kugel
Magen raten reden Rose Schale weinen

3. Male die Matrosen **schwarz** an.
   Womit beginnt das zweite Boot?
   ☒ ☐

4. Verfahre auch so bei diesen Wörtern.

> **Achtung:**
> Der erste Kapitän wird kurz gesprochen.

Birne denken falten hundert singen werfen
Onkel Garten melden Pinsel Silbe Zelte

Lotsen verbinden Silbenboote (2) AB 3

Bei diesen Wörtern höre ich in der Mitte nur einen . Mache ich eine Pause, spreche ich beide.

kom men ren nen es sen las sen
fal len Rus se Wol le Zim mer

1. Kennzeichne **grün** und **schwarz**. Zeichne .

2. Kennzeichne **grün** und **schwarz**. Es kommen auch Wörter mit drei oder vier Silbenbooten vor. Zeichne .

Bilderbücher Ameise Badewanne
Kartoffeln antworten Regenbogen
bekommen Mausefalle Ananas Vogelrufe

3. Ordne und schreibe die Wörter in Silben.

Ameise	Bilderbücher
Kartoffeln	Badewanne
antworten	Regenbogen
bekommen	Mausefalle
Ananas	Vogelfutter

Lotsen verbinden Silbenboote (3) ch – sch AB 4

Bei Wörtern mit **ch** oder **sch** in der Wortmitte sprechen viele beim Silbieren den Laut zwei Mal. Ich schreibe ihn nur ein Mal.

lachen lach chen la chen
Fische Fisch sche Fi sche

1. Kennzeichne die erste Silbe **blau** und die zweite Silbe **rot** und sprich die Wörter deutlich in Silben.

machen	Tasche
Sachen	Flasche
flache	wischen
Woche	lauschen
suchen	rauschen
weiche	mischen
duschen	Wäsche
Kuchen	zischen

2. Bilde die Mehrzahl und schreibe in Silben:
der Fisch – die Fische (Tuch, Bach, Dach, Loch, Tisch)

das Tuch – die Tücher, der Bach – die Bäche,
das Dach – die Dächer, das Loch –
die Löcher, der Tisch – die Tische

Fantasiewörter lesen — AB 5

1. Die folgenden Wörter sind so aufgebaut:

Suche erst die Kapitäne und male sie **grün** an. Setze dann die ◡.

marusino	pinotasu
lesomali	kerigelo
rinowela	debidabu
folisera	tubatebi
nasumeli	tibaxidu

wilterpuster	tummelsinner
tengermoster	kollersippel
garnurwister	zibbelsittel
rolpersolber	bitteldibbel
zingeltangel	schuppeltissel
korpansintan	pappelzippel
pürbeltürdel	kösseldüppel

2. Lies und schwinge alle Wörter.

Umlaute und Zwielaute einsetzen — AB 6

1. Zeichne die Punkte bei **ä**, **ö** und **ü** ein.
Ordne und schreibe in Silben.

Bär Tür Öl schön bö se fünf Dä cher
Köp fe Rüc ken Schü ler Kä se Wäl der

ä	ö	ü
Bär	Öl	Tür
Dächer	schön	fünf
Käse	böse	Rücken
Wälder	Köpfe	Schüler

2. Setze hier für die Doppelkapitäne **au, ei, eu** ein.
Ordne und schreibe in Silben. (Bei zwei Wörtern gibt es zwei Möglichkeiten.)

B […] er […] mer L […] te
S […] te l […] t F […] er
[…] r […] n […] B […] te

au	ei	eu
Bauer	Eimer	Leute
Laute	Seite	neu
laut	Feier	Feuer
rau	Ei	Beute

Wortaufbau — AB 7

1. Welche Wörter verstecken sich hier? Schreibe in Silben.

alt neu rot

neu	alt	rot

Kugel reiten Raupe

Kugel	Raupe	reiten

neun Wald Ofen

Wald	neun	Ofen

bald Eule laut

bald	Eule	laut

zeigen Teile unter

unter	zeigen	Teile

Tisch wach Zeit

Zeit	Tisch	wach

einsetzen — AB 8

1. Setze die fehlenden ein. Zeichne.

Krankenwagen — Osterhase

Schmetterling — Segelflugzeug

Bücherregal — Tannenzapfen

Lokomotive — Sonnenblume

(a a a a a a e e e e e e e e e e e e e e eu i i o o o o o u u u)

2. Setze die fehlenden ein. Zeichne.

Banane (Bnn) — Telefon (flnT)

Ameise (ms) — Feder (dFr)

Hose (Hs) — Schere (Schr)

Käfer (fKr) — Daumen (Dmn)

Ananas (nns) — Nagel (glN)

Tafel (flT) — Raupe (pR)

Honig (gHn) — Paket (kPt)

Lamas ohne Plosivlaute — AB 9

1. Suche — Lamas
2. Zeichne — La mas
3. Schreibe — Lamas

Lamas	Lamas
Wir suchen Lamas.	Wir suchen Lamas.
Sie ruhen sich aus.	Sie ruhen sich aus.
Ich sehe sie.	Ich sehe sie.
Wir rufen sie leise.	Wir rufen sie leise.
Sie rasen los.	Sie rasen los.

Oma ohne Plosivlaute — AB 10

1. Suche — Menei
2. Vertausche
3. Schreibe — Meine

Menei amO
Ich sechu menei amO.
Ich lefau zum Zaun.
Im Haus sehe ich sie.
Wir melan ein Ei an.
Die Ferban lechteun.
Wir melan noch mehr Eeir an.

Meine Oma
Ich suche meine Oma.
Ich laufe zum Zaun.
Im Haus sehe ich sie.
Wir malen ein Ei an.
Die Farben leuchten.
Wir malen noch mehr Eier an.

Esel ohne Plosivlaute — AB 11

1. Male ◡
2. Suche die richtige Reihenfolge der Wörter

Esel Wir hören

3. Schreibe Esel

Esel
Esel

Esel Wir hören.
Wir hören Esel.

Esel Melonen feine riechen.
Esel riechen feine Melonen.

Sie sie suchen.
Sie suchen sie.

Eimer aus einem Ich sie hole.
Ich hole sie aus einem Eimer.

Die sich Esel freuen.
Die Esel freuen sich.

Tiere mit Plosivlauten — AB 12

1. Setze die Silben zusammen und schreibe in Silben:
Papagei

 Pa gei pa — Papagei

 be Tau — Taube

 ger Ti — Tiger

 mel Ka — Kamel

 gel Vo — Vogel

 gel I — Igel

 ter Ka — Kater

 gu ar Ja — Jaguar

 he Kü — Kühe

 pe Rau — Raupe

 ge Zie — Ziege

 ber Bi — Biber

 te En — Ente

 sau no Di ri er — Dinosaurier

b – d mit Plosivlauten — AB 13

1. Beim **b** zeigt der Bauch in Schreibrichtung b.
   Das große B hat 2 Bäuche in Schreibrichtung.

2. Kennzeichne **b B** braun – **d D** grün
   und lies die Wörter ganz schnell.

   bei Busch Buch Bach Dach doch dich dir
   dein Bein Beil Gabel Laden Leder Leben
   geben leider oben

3. Setze **b B** oder **d D** ein.

   Namenwörter: der Räuber, die Dose, die Biene, die Feder

   Verben: bauen, reden, lieben

   andere Wörter: böse, dick, dort, oder, aber

   Ordne die Wörter in die Tabelle und schreibe in Silben.

B b	D d
der Räuber	die Dose
die Biene	die Feder
bauen	reden
lieben	dick
böse	dort
aber	oder

Einkaufen mit Plosivlauten — AB 14

1. Welche Wörter sind dargestellt? Schreibe in Silben.

   Opa, Regen, kochen
   Tomaten, Bananen, Küche

   ~~Ba che chen gen ko Kü ma na nen O pa Re To ten~~

2. Setze die Wörter in den Text ein.

   Ich kaufe mit Opa im Laden ein.
   Wir suchen uns Tomaten und Bananen
   aus. Im Regen laufen wir nach Hause.
   In der Küche legen wir die Sachen auf
   den Tisch. Danach kochen wir.

3. Suche . Zeichne .

4. Schreibe den Text in Silben ab.

   Ich kaufe mit Opa im Laden ein.
   Wir suchen uns Tomaten und Bananen aus.
   Im Regen laufen wir nach Hause.
   In der Küche legen wir die Sachen auf den
   Tisch. Danach kochen wir.

Silbenzählen mit Plosivlauten AB 15

1. Suche und .

2. Setze die Wörter in die Silbenboote ein. Schreibe in Silben.

Kalender Regenwürmer Erde

Regenwürmer	Ka len der	Er de

Hexenhäuser singen Gartentür

Hexenhäuser	Gar ten tür	sin gen

Onkel Sekunde Eisenringe

Ei sen rin ge	Se kun de	On kel

ungeduldig Tierfilme Montag

un ge dul dig	Tier fil me	Mon tag

Mantel Winterkälte fernsehen

Winter käl te	fern se hen	Man tel

Patentante unterhalb richtig

Pa ten tan te	un ter halb	rich tig

arbeiten Morgenmantel sinken

Morgenmantel	ar bei ten	sin ken

Gartenbank Wolken Kindergarten

Kindergarten	Gar ten bank	Wol ken

Laterne AB 16

1. Lies die Geschichte möglichst schnell.

Eine kurze Geschichte

Gestern habe ich eine Kiste unter einem alten Mantel gefunden. Eine Laterne und eine Kerze lagen darin. Mit einem Pinsel malte ich bunte Bilder auf die Seitenteile. Ich gab sie meinen Eltern.

2. Suche und .

3. Zeichne .

4. Schreibe alle Wörter mit … in Silben auf.

kurze, Geschichte, gestern, Kiste, unter,
alten, Mantel, gefunden, Laterne, Kerze,
Pinsel, malte, bunte, Bilder, Seitenteile, Eltern

Monatsnamen — AB 17

1. Schreibe die Monatsnamen mithilfe der Silben der Reihe nach in Silben auf.

Januar	31	Juli	31
Februar	28	August	31
März	31	September	30
April	30	Oktober	31
Mai	31	November	30
Juni	30	Dezember	31

~~A ar ar Au ber ber ber ber bru De Fe gust Ja Ju Ju li Mai März No nu ni Ok pril Sep tem to vem zem~~

2. Schreibe: Der Januar hat 31 Tage. Der Februar hat …

Der Januar hat 31 Tage. Der Februar hat 28 Tage. Der März hat 31 Tage. Der April hat 30 Tage. Der Mai hat 31 Tage. Der Juni hat 30 Tage. Der Juli hat 31 Tage. Der August hat 31 Tage. Der September hat 30 Tage. Der Oktober hat 31 Tage. Der November hat 30 Tage. Der Dezember hat 31 Tage.

ll - nn - ss-Laute — AB 18

1. Setze die Wörter zusammen und schreibe sie in Silben auf.

fal, sol, fül, wol + len: fallen, sollen, füllen, wollen

nen, kön, ken, ren + nen: nennen, können, kennen, rennen

es, mes, Kis, wis + sen: essen, messen, Kissen, wissen

Fel, Wol, Rol, Wel + le: Felle, Wolle, Rolle, Welle

2. Vervollständige die Wörter.

Tan ne — Wan ne

Kan ne — Son ne

Ton ne

Dopplung ohne Plosivlaute — AB 19

1. Ordne die Wörter und schreibe in Silben.

kommen kamen Himmel fallen malen
füllen holen hören Herren waren

kamen	kommen
malen	Himmel
holen	fallen
hören	füllen
waren	Herren

2. Schwinge, zeichne und setze **f** oder **ff** ein.

Rei f en ho ff en ru f en Ko ff er
Scha f e scha ff en Sei f e Wa ff el

3. Ordne die Wörter und schreibe in Silben.

f	ff
Reifen	hoffen
rufen	Koffer
Schafe	schaffen
Seife	Waffel

ng – nk mit Plosivlauten — AB 20

1. Lies den Text und markiere **ng** und **nk**.

Die Finken singen.
Meine Eltern winken.
Die Schiffe sinken.
Ich denke an dich und schenke dir eine Zange.
Die Jungen haben Hunger auf einen Schinken.
Wir fangen einen Fisch mit unseren Fingern.

2. Setze die .

3. Ordne die Wörter und schreibe in Silben.

ng	nk
singen	Finken
Zange	winken
Jungen	sinken
Hunger	denke
fangen	schenke
Fingern	Schinken

nt – nd mit Plosivlauten AB 21

1. Setze die fehlenden Silben ein.

En ten — Man tel — Win ter

Hän de — Hun de — 100 hun dert

Kan te — Kin der

~~En~~, ~~Hän~~, ~~Hun~~, ~~hun~~, ~~Kan~~, ~~Kin~~, ~~Man~~, ~~Win~~

2. Trage die Wörter an der richtigen Stelle ein.
Schreibe sie in Silben und sprich sie deutlich aus.

Die Kinder gehen im Winter spazieren. Sie haben die Hunde der Nachbarn an der Leine dabei. Ihre Hände sind kalt, obwohl sie alle einen dicken Mantel tragen. Am See hocken viele, vielleicht hundert Enten an der Kante einer Eisscholle.

ck mit Plosivlauten AB 22

Sprich **backen** in Silben und du hörst **bak – ken**.
Willst du das Wort trennen, so schreibe: **ba – cken**.

1. Setze **cke**, **cken** oder **cker** dazu.

We cker — Zu cker

So cken — Rö cke

Ja cke — De cke

Rü cken — He cke

2. Setze die ◡◡, wie du es hörst.

3. Setze die Wörter in den Text und schreibe in Silben.

Am Morgen rasselt der Wecker.
Ich ziehe die Decke über den Kopf,
aber ich muss raus. Ich ziehe einen meiner alten
Röcke an, noch eine warme
Jacke und Socken. Nachdem
ich die Hecke geschnitten habe,
kraule ich dem Hund den Rücken
und trinke Tee mit Zucker.

z – tz mit Plosivlauten **AB 23**

1. Hier haben sich 10 Wörter mit **z** oder **tz** versteckt. Markiere sie.

A	D	R	K	X	C	T	B	H	L	K	N	P	M	E
B	W	C	A	G	H	S	O	K	T	A	N	Z	E	N
R	U	G	T	E	R	Ä	D	S	Q	Y	L	A	G	M
C	R	L	Z	U	O	T	R	W	S	M	E	I	P	Ä
B	Z	V	E	N	P	Z	X	W	H	Ü	Q	K	R	E
T	E	H	O	R	M	E	V	S	I	T	Z	E	N	W
D	L	P	Y	A	O	W	G	N	V	Z	W	R	S	A
P	F	E	X	N	M	E	A	R	K	E	O	Z	B	U
W	P	U	T	Z	E	N	R	X	Ü	B	N	E	C	K
R	X	K	A	E	K	S	C	T	H	Ö	L	Z	E	R
T	Ü	G	O	N	B	N	F	E	Y	L	M	R	T	S

2. Ordne die Wörter und schreibe in Silben.

3. Setze die ◡◡.

z	tz
Wurzel	Katze
tanzen	Sätze
Ranzen	putzen
Kerze	Mütze
Hölzer	sitzen

fl – fr **AB 24**

1. Hier fehlen die ersten beiden Buchstaben **fl** oder **fr**.
Achte auf die Groß- und Kleinschreibung!

Am Fr eitag fr euen wir uns auf das Wochenende.

Fr anz spielt auf seiner Fl öte.

Der Vogel breitet seine Fl ügel aus und fl attert davon.

Die Fr auen verkaufen fr ische Fr üchte.

Die Fr ösche quaken am Fl uss.

Hier fl iegen viele Fl ugzeuge.

2. Ordne die Wörter und schreibe in Silben.

fl/Fl	fr/Fr
Flöte	Freitag
Flügel	freuen
flattert	Franz
Fluss	Frauen
fliegen	frische
Flugzeuge	Früchte
	Frösche

schl – schn – schr – schw — AB 25

1. Schreibe die Wortanfänge vor die richtigen Endungen.

~~Schlüs~~ ~~schrei~~ ~~schnel~~ ~~Schwes~~ ~~schla~~ ~~Schwei~~ ~~schlei~~ ~~schnei~~ ~~schla~~ ~~schwim~~

schla	fen	schlei	chen
schwim	men	Schwes	ter
schnel	ler	schnei	den
Schwei	ne	Schlüs	sel
schla	gen	schrei	ben

2. Schreibe die Wörter in Silben auf.

schlafen	schleichen
schwimmen	Schwester
schneller	schneiden
Schweine	Schlüssel
schlagen	schreiben

bl – pl, br – pr — AB 26

Die Wörter mit **b** oder **p** am Anfang sind sehr schwierig, wenn noch ein folgt. Hier hilft dir die Stotterbremse beim Schreiben:
Lies den Buchstaben mit b am Wortanfang mehrmals mit wenig Luft **b b b b bla sen.**
Lies den Buchstaben **p** am Wortanfang mehrmals mit viel Luft **p p p plat zen.**

1. Schreibe die Wörter in Silben. Verwende beim Schreiben die Stotterbremse, wenn du **b** schreibst.

blasen	blasen	braun	braun
blau	blau	braten	braten
bleiben	bleiben	bringen	bringen
Blume	Blume	Briefe	Briefe
blöde	blöde	Brote	Brote
blühen	blühen	Bruder	Bruder

2. Versuche es auch mit diesen Wörtern. Verwende dabei viel .

platzen	platzen	Preise	Preise
pusten	pusten	Poster	Poster
Papier	Papier	plötzlich	plötzlich

gl – kl, gr – kr AB 27

1. Hier sind 10 Wörter **gl – kl**, **gr – kr** versteckt. Markiere sie.

D	T	K	Ö	P	S	Q	G	R	A	U	L	M	N	K
G	R	Y	G	N	L	W	A	I	V	X	B	T	E	L
R	W	K	L	A	S	S	E	D	R	E	W	Q	R	I
O	Z	H	Ä	K	P	B	Y	Ü	M	S	O	N	I	N
ß	T	P	S	A	X	K	M	E	C	K	T	K	Ö	G
E	B	R	E	U	Z	T	W	C	H	L	T	P	W	E
L	C	K	R	A	N	K	E	N	H	A	U	S	K	L
T	F	W	S	O	N	L	J	L	Ö	R	G	R	Ü	N
E	K	V	Q	X	S	U	A	V	M	W	I	K	T	W
R	M	U	G	H	C	G	R	Ä	S	E	R	W	A	T
N	P	D	Z	O	P	L	M	C	H	O	G	R	F	K

2. Ordne die Wörter und schreibe in Silben.
Verwende beim Schreiben die Stotterbremse,
wenn du **g** oder **k** schreibst.

gl – gr	kl – kr
Großeltern	Klasse
grau	Krankenhaus
Gläser	klug
grün	klar
Gräser	klingeln

s – ss (1) AB 28

Bei **s** klingt es wie beim Summen einer Biene.
Bei **ss** höre ich, wenn ich in Silben spreche **s – s**
und es klingt wie das Zischen einer Schlange.

1. Zeichne ◡◡.

2. Lies die erste Reihe und lass es beim **s** brummen.

baso	Besen	besser
taso	böse	essen
maso	Esel	fressen
mesa	Hose	flüssig
fesa	lesen	Lasso
resa	Nase	Kasse
faso	Reise	Messer
geso	Riese	müssen
hasu	Rose	nasse
tomaso	Wiese	Risse
hilosa	Gläser	Tasse
mitasu	Ameise	Wasser
kapiso	Gemüse	wissen

3. Lies die zweite Reihe und lass es beim **s** brummen.

4. Lies die dritte Reihe und lass es beim **s** zischen.

s-Domino AB 29

1. Schneide die Dominowörter aus und setze sie zusammen.

Schreibe die Wörter in Silben auf und ordne sie.

s klingt wie bei einer ☒ Schlange ☐ Biene

Samstag, Nester, Ausweis, lustig,

Ostern, Kiste, deshalb

s klingt wie bei einer ☐ Schlange ☒ Biene

Musik, unsere, Gläser, Felsen

2. Setze Wörter von oben hier ein. Schreibe in Silben.

Wir freuen uns auf Samstag, dann ist Ostern.

Die Kinder suchen die Nester, in denen die Eier liegen.

Sie klettern über Felsen.

Das finden alle lustig.

Lösungen zu AB 29

1.

[Kalender]	Sams	tag	Nes	ter	Mu	sik

Aus | weis | lus | tig | Os | tern | Kis | te | des | halb | un | sere | Glä | ser | Fel | sen | [Felsen]

s – ss (2) AB 30

1. Schreibe die Wörter in Silben auf und ordne sie.

s	ss
Besen	Schlüssel
Wiese	Tasse
Dosen	Kissen
Rose	Messer
Hose	Sessel
Nase	Nüsse

2. Verbinde die Silben, die zusammengehören, und schreibe sie in die jeweilige Spalte oben dazu.

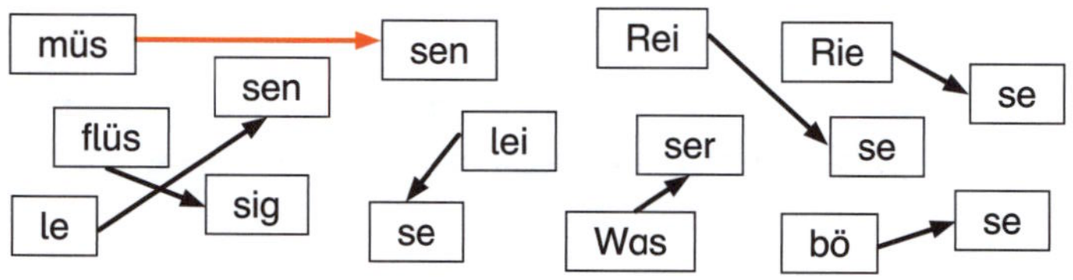

Lösungen zu AB 30

2.

s	ss
lesen	müssen
leise	flüssig
Reise	Wasser
Riese	
böse	

ß — AB 31

ß klingt wie das Zischen einer Schlange. 
Habe ich zwei Silbenboote, so höre ich nur ein **s**.

1. Setze die Wörter zusammen und schreibe in Silben.

Namenwörter:

Fü, Flö – ße

Füße, Flöße

Tunwörter:

hei, rei, bei, gie – ßen

heißen, reißen, beißen,

gießen

Wiewörter:

wei, hei, sü, gro – ß

weiß, heiß, süß, groß

2. Setze Wörter von oben hier ein. Schreibe in Silben.

In Badeseen gibt es manchmal Flöße.

Meine Füße passen in diese Schuhe. 

Postboten heißen auch Briefträger.

Wir gießen die Blumen. Die Suppe ist heiß.

Die Erdbeeren schmecken süß.

Wir malen die Wand weiß.

i – ie Regel — AB 32

1. Trenne die Wörter aus der Wörtersammlung ab und schreibe sie in Silben in die richtige Spalte.

Birnen|Tiere|Bienen|Himmel|richtig|Wiese
schieben|Ritter|Lippen|liegen|Pinsel|Lichter
sieben|Fliege|Ziegel|Stiefel|Bilder|trinken

i	ie
Birnen	Tiere
Himmel	Bienen
richtig	Wiese
Ritter	schieben
Lippen	liegen
Pinsel	sieben
Lichter	Fliege
Bilder	Ziegel
trinken	Stiefel

2. Nun kannst du die Regel selbst finden:

Höre ich am Ende der ersten Silbe ein **i** mit einem ,
dann schreibe ich meistens i : H i l fe

Höre ich am Ende der ersten Silbe nur ein **i**,
dann schreibe ich meistens ie : W ie ge

i – ie Übung AB 33

i ◡◡ oder ie ◡◡

Setze erst die ◡◡. Trage ein: **i** oder **ie**?

K_i_nder	s_ie_gen	R_i_nde	K_i_rsche
h_i_nten	z_ie_hen	f_i_nden	fl_ie_gen
n_ie_mals	w_i_nken	z_ie_len	d_ie_se
w_ie_der	K_i_rche	K_i_ste	l_ie_gen

2. Welches Wort von oben ist gemeint? Schreibe in Silben.

die Haut von Bäumen	Rinde
Vögel können …	fliegen
Gegenteil von vorne	hinten
nicht drücken, sondern …	ziehen
noch einmal	wieder
anderes Wort für gewinnen	siegen
Obstsorte	Kirsche
Gotteshaus	Kirche
Eltern haben …	Kinder
zu keiner Zeit	niemals

i – ie Tunwörter im Präteritum AB 34

1. Die folgenden Tunwörter verändern sich in der Vergangenheit. Schreibe diese auf: schlafen – schliefen

laufen	liefen	fallen	fielen
rufen	riefen	halten	hielten
bleiben	blieben		

2. Ordne die Tunwörter den Sätzen zu und schreibe in Silben auf.

Die Tiere laufen davon.

Die Tiere liefen davon.

Die Tänzer halten sich an den Händen.

Die Tänzer hielten sich an den Händen.

Die Kinder rufen nach ihrem Hund.

Die Kinder riefen nach ihrem Hund.

Die Blätter fallen vom Baum.

Die Blätter fielen vom Baum.

Am Sonntag bleiben wir im Bett liegen.

Am Sonntag blieben wir im Bett liegen.

sp – st (1) AB 35

Hier hörst du **schp** oder **scht**.
Schreiben musst du **sp** oder **st**.

1. Lies die Wörterreihen von oben nach unten.

a)

sp	sp	sp	sp	sp
spa	spie	spi	spre	spu
spare	Spiel	spitz	sprich	Spuk
sparen	spielen	spitzen	sprechen	spuken

b)

st	St	st	st
steh	Stei	ste	stu
stehe	Stein	stelle	Stunde
stehen	Steine	stellen	Stundenplan

2. Setze die Buchstaben zusammen und schreibe die Wörter in Silben auf.

eignnrsp

springen

eelmpSt

Stempel

aerßSt

Straße

eanrsp

sparen

eernSt

Sterne

eefilSt

Stiefel

sp – st (2) AB 36

1. Setze **sp/Sp** oder **st/St** ein.

Namenwörter: der Sport, der Stall, der Stein, der Spinat, der Spiegel, der Stern

Tunwörter: sparen, stimmen, stinken, spielen, stehen, stoßen

Wiewörter: stark, still, spaßig

2. Schreibe in Silben. Setze Namenwörter aus Aufgabe 1 ein.

Die Kühe gehen in den Stall.

Ich wasche mich vor dem Spiegel.

Der Stern leuchtet in der Nacht am Himmel.

3. Setze Tunwörter aus Aufgabe 1 ein.

Wir stoßen die Tür auf. Ich spare mein Geld.

Sie spielen Fußball. Das kann nicht stimmen.

4. Setze Wiewörter aus Aufgabe 1 ein.

Der Clown ist spaßig.

Im Haus ist es still.

d – t Namenwörter — AB 37

Am Wortende höre ich
anstelle von **b** ein **p** — der Kor? — **b** oder **p**?
anstelle von **d** ein **t** — das Ra? — **d** oder **t**?
anstelle von **g** ein **k** — der Ta? — **g** oder **k**?

Hier hilft dir das Verlängern mit dem Zauberwort **alle**

der Kor? → alle Körbe   das Ra? → alle Räder
der Ta? → alle Tage

1. Setze **d** oder **t** ein. Verlängere zuerst und schreibe in Silben.

der Hun?	alle Hunde	das Hef?	alle Hefte
der Mun?	alle Münder	der Saf?	alle Säfte
der Wal?	alle Wale	der Stif?	alle Stifte
das Ra?	alle Räder	der Pira?	alle Piraten
das Kin?	alle Kinder	das Wor?	alle Wörter
das Fel?	alle Felder	der As?	alle Äste
der Freun?	alle Freunde	der Hu?	alle Hüte

2. Setze **d** oder **t** ein. Verlängere zuerst und schreibe in Silben.

das Win?ra?	alle Winde	alle Räder
der Wal?bran?	alle Wälder	alle Brände
der Hu?ran?	alle Hüte	alle Ränder

b – p, d – t, g – k Wiewörter — AB 38

1. Markiere im Text die **Wiewörter**, welche mit **b – p**, **d – t** oder **g – k** enden.

Die Kinder sind lieb und klug.
Im Winter wird es kalt.
Kinder werden häufig krank.
Die Blumen waren gelb.
Dieser Turm war rund und breit.
Gestern waren meine Tiere laut und wild.

2. Schreibe die Wörter in Silben heraus und verlängere sie.
Verwende zum Verlängern das unterstrichene Nomen.

lieb – alle lieben Kinder
klug – alle klugen Kinder
kalt – alle kalten Winter
krank – alle kranken Kinder
gelb – alle gelben Blumen
rund – alle runden Türme
breit – alle breiten Türme
laut – alle lauten Tiere
wild – alle wilden Tiere

Tunwörter AB 39

1. Verlängere die Tunwörter mit dem Zauberwort **alle**.
   Setze **g** oder **b** ein und schreibe in Silben.

er fliegt	alle fliegen	er bleibt	alle bleiben
er fragt	alle fragen	er gibt	alle geben
er singt	alle singen	er schiebt	alle schieben
er liegt	alle liegen	er liebt	alle lieben
er zeigt	alle zeigen	er reibt	alle reiben

2. Bilde erst das Verlängerungswort. Hörst du ein **h** am Anfang der zweiten Silbe, musst du es auch beim ersten Wort dazusetzen.

er ru_t	– alle ruhen – er ruht
er sie_t	– alle sehen – er sieht
er ho_lt	– alle holen – er holt
er ste_t	– alle stehen – er steht
er lie_st	– alle lesen – er liest

3. **z** oder **tz**? Schreibe das Verlängerungswort in Silben auf.

er tan_zt	er pu_zt	er si_zt	er fli_zt
tanzen	putzen	sitzen	flitzen

Lösung zu AB 40

1.

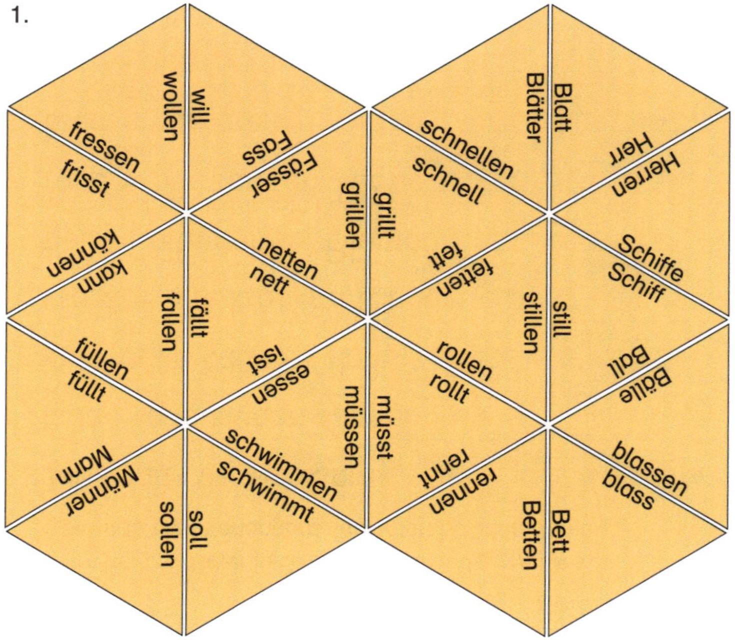

Lösung zu AB 40

2. blass – alle blassen Kinder, Bett –
alle Betten, er rennt – alle rennen,
ihr müsst – alle müssen, er schwimmt – alle
schwimmen, er soll – alle sollen, Mann – alle
Männer, er füllt – alle füllen, er fällt – alle
fallen, er isst – alle essen, er rollt – alle rollen,
still – alle stillen Kinder, Ball – alle Bälle,
Schiff – alle Schiffe, fett – alle fetten Kinder,
er grillt – alle grillen, nett – alle netten Kinder,
er kann – alle können, er frisst – alle fressen,
er will – alle wollen, Fass – alle Fässer,
schnell – alle schnellen Kinder, Blatt – alle
Blätter, Herr – alle Herren

ϟ Namenwörter AB 41

Ich höre **e** oder **eu**, muss aber manchmal **ä** oder **äu** schreiben. Hier hilft mir das Ableiten ϟ, indem ich ein verwandtes Wort suche: das B**a**d – die B**ä**der

1. Schreibe das Wort mit **a** in der Einzahl und der Mehrzahl auf. Schreibe in Silben.

	Einzahl		Mehrzahl
	Nagel	ϟ	Nägel
	Ball	ϟ	Bälle
	Blatt	ϟ	Blätter
	Dach	ϟ	Dächer
	Ast	ϟ	Äste
	Apfel	ϟ	Äpfel
	Hand	ϟ	Hände
	Glas	ϟ	Gläser

2. Schreibe hier die Einzahl auf.

die Wälder ϟ	Wald	die Plätze ϟ	Platz
die Gräser ϟ	Gras	die Ställe ϟ	Stall
die Bäder ϟ	Bad	die Säfte ϟ	Saft
die Hälse ϟ	Hals	die Sätze ϟ	Satz

Tunwörter **AB 42**

1. Bei den Tunwörtern fehlt der ▢. Schreibe sie heraus und entscheide, ob du **e** oder **ä** einsetzen musst.
   Dabei hilft dir die Grundform:

er tr▢gt – tr**a**gen – er tr**ä**gt
er st▢ht – st**e**hen – er st**e**ht

Der Ball f▢llt herunter.	fallen – er fällt
Er schl▢gt den Baum.	schlagen – er schlägt
Sie tr▢gt ein Kleid.	tragen – sie trägt
Er schl▢ft lange.	schlafen – er schläft
Er g▢ht nach Hause.	gehen – er geht
Sie h▢lt seine Hand.	halten – sie hält
Er f▢ngt den Ball.	fangen – er fängt
Sie h▢bt das Glas.	heben – sie hebt
Das gef▢llt mir.	gefallen – es gefällt
Er l▢sst es sein.	lassen – er lässt
Das Kind f▢llt aufs Knie.	fallen – es fällt

2 Tunwörter schreibt man mit **e**!

äu **AB 43**

1. Setze das Wort mit **äu** ein. Schreibe in Silben.
   In den (Haus) Häusern mit den (Zaun) Zäunen leben viele (Maus) Mäuse. Sie haben alle dicke (Bauch) Bäuche. Die (Frau des Bauern) Bäuerin ist sauer und zeigt die (Faust) Fäuste. Danach (laufen) läuft die Frau weg und schneidet die (Strauch) Sträucher und die (Baum) Bäume.

2. Bilde mit den Namenwörtern die Verkleinerungsform, schreibe in Silben.
   Daumen ➡ Däumchen

Haus	➡ Häuschen
Maus	➡ Mäuschen
Zaun	➡ Zäunchen
Taube	➡ Täubchen
Faust	➡ Fäustchen
Strauß	➡ Sträußchen
Baum	➡ Bäumchen

ϟ ä – äu AB 44

1. Setze **e/eu** (je ein Mal) oder **ä/äu** ein, wenn du ein verwandtes Wort mit **a/au** findest.

In den W_ä_ldern gibt es sicher R_e_he.

Sie fressen Bl_ä_tter und Gr_ä_ser.

Ein Wolf l_äu_ft auch herum und h_eu_lt.

Wenn er schl_ä_ft, tr_äu_mt er von Sch_ä_fchen.

Doch er f_ä_ngt auch kleine M_äu_se.

2. Schreibe die Wörter mit **a/äu** heraus und setze das verwandte Wort mit **a/au** hinzu, welches du gefunden hast. Schreibe in Silben.

ä/äu		a/au
Wälder	ϟ	Wald
Blätter	ϟ	Blatt
Gräser	ϟ	Gras
läuft	ϟ	laufen
schläft	ϟ	schlafen
träumt	ϟ	Traum
Schäfchen	ϟ	Schaf
fängt	ϟ	fangen
Mäuse	ϟ	Maus

M in/ihn, im/ihm AB 45

Wenn es sich um Personen, Tiere oder Dinge handelt, braucht man ein stummes **h**.

1. Ersetze die blauen Nomen durch **ihm** oder **ihn**. Achte auf den Begleiter beim Nomen.

Ich gebe meine**m Hund** ihm Wasser zu trinken.

Ich suche meine**n Schlüssel** ihn.

Das Geschenk ist für meine**n Freund** ihn.

Wir besuchen meine**n Opa** ihn.

Sie gibt unsere**m Lehrer** ihm die Hausaufgaben.

2. Setze **in/ihn** oder **im/ihm** ein.

Im Sommer treffen sie ihn.

In seinem Haus reden sie mit ihm.

Hast du ihn getroffen? Das gehört ihm.

Ich gehe in den Keller. Sie sehen ihn nicht.

Wo werden sie ihn finden?

In meiner Tasche ist das Geld für ihn.

Wir werden ihm schreiben, wenn sie in unserem Haus sind. Wir wird es ihm gefallen?

M fahren — AB 46

1. Vervollständige und färbe das **h** blau ein.

Ich	fahre	wir	fahren
du	fährst	ihr	fahrt
er/sie/es	fährt	sie	fahren

2. Wie viele Wörter mit **fahren** kannst du finden? Schreibe sie auf. Achte auf die Groß-/Kleinschreibung!

weg, Auto, zeug, schule, hin, Fahr/fahr, ab, plan, Bus, er, rad

wegfahren, Autofahrer, Fahrzeug,
Fahrschule, hinfahren, abfahren, Fahrplan,
Busfahrer, erfahren, Radfahrer

3. Welches Wort wird gesucht?

Ein Fahrzeug mit 2 Rädern	Fahrrad
Der Bus fährt nach einem …	Fahrplan
Hier lernt man fahren	Fahrschule
Person, die einen Bus fährt	Busfahrer

M Wörter mit stummem h — AB 47

1. Male alle stummen **h** an. Male alle Kästchen, die zusammengehören, mit gleicher Farbe an und schreibe sie auf: **Zahl – Einzahl**, …

Zahl, Huhn, Zahn, wohnen, früh, Sohn, Stromzähler, Zähne, Frühling, Hühnerei, Enkelsohn, Einzahl, Wohnung, zählen

Huhn – Hühnerei, Zahn – Zähne,
wohnen – Wohnung, früh – Frühling,
Sohn – Enkelsohn, Stromzähler – zählen

2. Hier haben sich 12 Wörter mit stummem **h** versteckt. Markiere sie und schreibe sie auf.

E	Z	G	L	Ö	J	P	Ü	N	G	C	F	V	S	R
M	N	V	L	R	A	S	T	W	A	H	R	M	O	A
B	N	U	Z	E	H	N	Ö	P	C	B	L	I	H	R
L	E	H	R	E	R	N	E	H	M	E	N	R	N	T
O	H	R	L	N	O	S	T	F	E	X	B	L	Y	W
E	G	H	Ö	S	G	A	S	E	H	R	V	T	T	I
F	R	Ü	H	W	E	I	H	N	A	C	H	T	E	N

Jahr, wahr, Sohn, Uhr, zehn, ihr, Lehrer,
nehmen, Ohr, sehr, früh, Weihnachten

M Wörter mit i — AB 48

Diese Wörter mit **i** musst du dir gut merken, denn man schreibt sie nicht mit **ie**, wenn man sie silbiert.

1. Setze die Silben zu Wörtern zusammen und schreibe sie in die Sätze.

Im (ni Ju) Juni und (li Ju) Juli finden die (gel I) Igel genug zu essen.

Der (scher Fi) Fischer lebt mit seiner (li mi Fa e) Familie am Ufer. Das ist (cher si) sicher.

Die (mo ko Lo ti ve) Lokomotive kommt heute fünf (ten nu Mi) Minuten später.

Sie (schen wi) wischen auch immer (schen zwi) zwischen den Tischbeinen.

Der (ger Ti) Tiger lebt in einer (i Ru ne) Ruine.

Der (rat Pi) Pirat hat eine (tri Vi ne) Vitrine in seiner (ne Ka bi) Kabine.

2. Baue die Wörter ab und auf: Juni, Jun, Ju, J, Ju, Jun, Juni. Schreibe in dein Heft.

M Wörter mit aa ee oo — AB 49

1. Setze die Buchstaben zu Wörtern zusammen.

Buchstaben	Wort	Buchstaben	Wort
H a a r	Haar	F e e	Fee
B e e r e	Beere	o B t o	Boot
o o Z	Zoo	n Sch e e	Schnee
e M r e	Meer	e S e	See

2. Bilde mit den gefundenen Wörtern und Wortteilen zusammengesetzte Wörter.

(Erd-, -mann, -tiere, -bürste, Him-, Segel-, Zauber-, -ball, Motor-, Bade-, -esstrand, -spange, Brom-)

Erdbeere, Schneemann, Zootiere,

Haarbürste, Himbeere, Segelboot,

Zauberfee, Schneeball, Motorboot,

Badesee, Meeresstrand, Haarspange,

Brombeere

M Wörter mit v — AB 50

Hier höre ich ein **f** oder **w**, schreibe aber **v**.

1. Setze in den Text **voll**, **vor**, **von**, **davon**, **davor** ein.

   Du stehst davor.  Er steht vor deinem Haus.

   Er macht sich davon.  Er kommt von der Schule nach Hause.  Das Glas ist voll.

2. Welches Wort mit **V** wird gesucht? Die Silben helfen dir.

Ein Zug wird von ihr gezogen	Lokomotive
Ein Tier, das fliegen kann	Vogel
Der Mann meiner Mutter ist mein …	Vater
Anderes Wort für artig	brav
Zeit vor Weihnachten	Advent
Zahl nach drei	vier

(~~Ad brav gel Lo ko mo ter ti Va ve vent vier Vo~~)

3. fiel kommt von **fallen** – **viel** ist das Gegenteil von **wenig**.
   Setze die Wörter **fiel/viel** ein.

   Ich habe viel zu tun. Das fiel herunter.

   Er fiel auf das Knie. Das ist zu viel.

M Vorsilben mit ver- und vor- — AB 51

1. Tunwörter kann man mit den Vorsilben **ver-** und **vor-** verbinden.

   ver-: lassen, gessen, laufen, geben, kaufen, raten

   vor-: kommen, machen, lesen, sagen, gehen, singen

2. Schreibe die Wörter in Silben auf.

   verlassen, vergessen, vergeben, verraten,
   verkaufen, verlaufen
   vorkommen, vormachen, vorsagen, vorsingen,
   vorgehen, vorlesen

3. Setze die Wörter in den Text ein.

   Sie werden das Haus verkaufen.

   Sie hatte den Termin vergessen.

   Das wird nicht wieder vorkommen.

   Er wird uns die Geschichte vorlesen.

   Sie haben sich im Wald verlaufen.

   Er wird das Versteck nicht verraten.

   Das Lied wird er uns vorsingen.

   Auf dem Weg werde ich vorgehen.

M ä-Wörter ohne ϟ — AB 52

Manche **ä**-Wörter muss ich mir besonders merken, da es dazu kein verwandtes Wort mit **a** gibt.

1. Markiere im Text alle **ä**.

In einem kleinen Wäldchen

Ein Kätzchen war im Käfig gefangen und fraß in der Not gefundenen Käse. Dabei machte es nur wenig Lärm. Da kam ein kleines Mädchen.
Sie war einem Käfer gefolgt und roch mit ihrem Näschen, was das Kätzchen gefressen hatte.
Sie sah, dass das ärmliche Tierchen gefangen war, öffnete die Tür und ließ es wieder frei.
War das echt oder nur ein Märchen?

2. Schreibe die **ä**-Wörter auf. Achte auf die richtige Spalte.

ä-Wörter mit ϟ (4)			**ä**-Wörter ohne ϟ (6)
Wäldchen	ϟ	Wald	Käfig
Kätzchen	ϟ	Katze	Käse
Näschen	ϟ	Nase	Lärm
ärmlich	ϟ	arm	Mädchen
			Käfer
			Märchen

G Namenwörter sehen und anfassen — AB 53

Die meisten Wörter schreibt man klein,
doch einige Wörter muss man großschreiben.
Warum ist das so?
Man wollte Wörter besonders betonen und hervorheben.
Das gilt auch für Satzanfänge und Namen.

1. Man schreibt alles, was man **anfassen** und **sehen** kann, groß.
Male alle diese Wörter an.

AUTO AUF BÖSE **BLATT BUCH DAUMEN**
DUNKEL **EURO ENTE FLÖTE** FÜR
GLAS GUT HEUTE **HEXE** HÖREN **IGEL**
JUNG **KATZE** LUSTIG **MILCH** MUTIG
MUND NEST ODER **PINSEL**
RICHTIG SPIELEN

2. Zu jedem Namenwort gehört ein Begleiter – **der, die, das**.
Schreibe die Namenwörter in die richtige Spalte.

der	die	das
Daumen	Ente	Auto
Euro	Flöte	Blatt
Igel	Hexe	Buch
Mund	Katze	Glas
Pinsel	Milch	Nest

G Namenwörter haben — AB 54

Auch Wörter, die man **haben** kann, werden großgeschrieben. Hilf dir mit *Wir haben…?* .

1. Male alle Wörter an, die man **haben** kann.

a) ER HAT EINE **REISE** GEBUCHT.
a) WIR HABEN EIN WENIG **ANGST**.
b) WIR HABEN BALD **WINTER**.
b) BALD KOMMEN UNSERE **FERIEN**.
c) ICH SAGE DIR MEINEN **WUNSCH**.
c) SIE HATTE EINEN **TRAUM**.
d) IM **SOMMER** IST ES WARM.
d) WIR HABEN VIEL **ZEIT**.
e) ER HAT ETWAS **HUNGER**.
e) DAS SAGT MIR MEIN **GEFÜHL**.

2. Schreibe die Namenwörter mit Begleiter in Silben auf.

die Reise, die Angst, der Winter, die Ferien,
der Wunsch, der Traum, der Sommer,
die Zeit, der Hunger, das Gefühl

3. Bilde aus je 2 Wörtern (aus den Sätzen aa, bb…) zusammengesetzte Namenwörter (aa – Reiseangst …).

bb - Winterferien, cc - Wunschtraum,
dd - Sommerzeit, ee - Hungergefühl

G Begleiter Namenwörter (1) — AB 55

Eine weitere Möglichkeit zu bestimmen, welche Wörter großgeschrieben werden, ist ihre Begleiter **der die das** oder **ein eine einen eines** zu suchen.

1. Male alle Begleiter und das passende Namenwort an.

DER JUNGE GEHT IN **DIE KÜCHE**. (kleine, neue) DA SIEHT ER **EINEN KUCHEN**. (leckeren) **DIE MUTTER** HAT IHN GEBACKEN. (nette) DOCH **EINE MAUS** HAT DAVON ABGEBISSEN. (kleine) ALS **DIE MUTTER** DIES BEMERKT, FRAGT SIE: „WER HAT IHN ANGEKNABBERT?“ (wütende) **DER JUNGE** SAGT NICHTS. (ängstliche) DOCH DA SIEHT ER **DIE MAUS**. (schnelle) „ICH GLAUBE, SIE WAR ES.“ DA MUSSTEN BEIDE LACHEN UND **DIE WUT** WAR VORBEI. (kurze)

2. Schreibe die Namenwörter mit Begleiter in Silben auf und setze die Wörter in Klammern zwischen Begleiter und Namenwort:

der kleine Junge, die neue Küche,
einen leckeren Kuchen, die nette Mutter,
eine kleine Maus, die wütende Mutter,
der ängstliche Junge, die schnelle Maus,
die kurze Wut

G Begleiter Namenwörter (2) AB 56

Begleiter für Namenwörter sind auch **mein, dein, sein, ihr, euer, unser.**

1. Male alle Begleiter und das passende Namenwort an.

DIE KATZE IST DA. (ihre)
DAS IST EIN HAUS. (mein)
WIR TREFFEN EINEN ONKEL. (ihren)
ICH MAG DAS SPIEL NICHT. (euer)
DER RÜCKEN IST ROT. (sein)
DAS SPIEL IST AUS. (unser)
ICH TRINKE DAS GLAS AUS. (mein)

2. Schreibe die Sätze richtig ab und ersetze die Begleiter durch die Hinweiswörter in den Klammern. Schreibe in Silben.

Ihre Katze ist da.
Das ist mein Haus.
Wir treffen ihren Onkel.
Ich mag euer Spiel nicht.
Sein Rücken ist rot.
Unser Spiel ist aus.
Ich trinke mein Glas aus.

G Namenwörter herausfinden (1) AB 57

1. Schritt: Male alle Begleiter blau an.
2. Schritt: Male das dazugehörige Namenwort gelb an.
   Prüfe dabei:
   Kann ich es sehen? Kann ich es anfassen?
   Kann ich es haben? Ich habe...? Hake ab.
3. Verbinde Begleiter mit Namenwort: eure alte Kiste.

UNSER JUNGER FREUND HATTE EINE ALTE SCHATZKARTE GEFUNDEN.

WIR FUHREN MIT UNSEREM SCHNELLEN SCHIFF DURCH EINEN DICHTEN NEBEL.

AUF EINMAL LICHTETE ER SICH UND WIR SAHEN EINEN LANGEN STRAND.

WIR STIEGEN AUF DEN EINZIGEN BERG UND SAHEN BEI DEN RUNDEN STEINEN NACH.

HIER SOLLTE DER VERGRABENE SCHATZ ALSO LIEGEN.

MIT DEN MITGEBRACHTEN SCHAUFELN GRUBEN WIR EIN TIEFES LOCH.

DA WAR DIE SCHWERE KISTE – DOCH SIE WAR LEER.

G Namenwörter herausfinden (2) — AB 58

1. Finde auch hier die Namenwörter heraus.
   Suche zuerst die Begleiter und male sie blau an.

WIE KANN MAN **DIE ZEIT** MESSEN?
SCHON IMMER WOLLTEN **DIE MENSCHEN**
DIE ZEIT MESSEN.
DAFÜR GAB ES FRÜHER **DIE SANDUHREN**.
DIE ALTEN **ÄGYPTER** HATTEN JEDOCH
AUCH **EINE UHR** ERFUNDEN, WELCHE **DAS**
WASSER BENUTZTE.
MAN FÜLLTE **EINEN TONTOPF**
MIT **DEM WASSER** UND MACHTE
EIN KLEINES **LOCH** HINEIN.
DA STECKTE MAN **EINEN**
HALM HINEIN, DAMIT **DAS**
WASSER IN **EINEM** ANDEREN **TOPF**
AUFGEFANGEN WERDEN KONNTE.
JE VOLLER **DER** UNTERE **TOPF** WAR,
DESTO SPÄTER WAR ES.

2. Schreibe die Namenwörter mit Begleiter.

die Zeit, die Menschen, die Sanduhren,
die Ägypter, eine Uhr, das Wasser, einen
Tontopf, ein Loch, einen Halm

Lösung zu — AB 58

3. Schreibe den Text in Silben in dein Heft.

Wie kann man die Zeit messen?
Schon immer wollten die Menschen die
Zeit messen.
Dafür gab es früher die Sanduhren. Die
alten Ägypter hatten jedoch auch eine Uhr
erfunden, welche das Wasser benutzte.
Man füllte einen Tontopf mit dem Wasser
und machte ein kleines Loch hinein.
Da steckte man einen Halm hinein, damit
das Wasser in einem anderen Topf
aufgefangen werden konnte. Je voller der
untere Topf war, desto später war es.

Das Übungsheft Deutsch 2

Das Übungsheft für Klasse 2 deckt die wichtigsten Themen der Rechtschreibung und Grammatik ab und bietet ein cleveres Belohnungssystem: Für jede geschaffte Seite darf ein Aufkleber in das beiliegende Wimmelbild geklebt werden.

Die wichtigsten Informationen werden als „Wissensschätze" übersichtlich zusammengefasst. In regelmäßigen Abständen werden die Inhalte beim „Deutschmeister" abgefragt. Zusätzliche Deutsch-Bonbon-Seiten bieten besondere Aufgaben wie Rätsel, Geheimschrift und Spiele.

Das Übungsheft 2
17 x 24 cm, 64 S., vierf., Gh, mit Stickerbogen und Lösungsheft
Bestell-Nr. 2401-70

Der Rechtschreib-Silben-Lotse

Ein Schülerarbeitsheft für Kinder ab Klasse 4 vermittelt ein Grundkonzept, mit dem die meisten Fehler vermieden werden können.

Der Rechtschreib-Silben-Lotse
Schülerarbeitsheft, DIN A4, 84 S., vierf., Gh
Bestell-Nr. **140-94**

Lösungen, DIN A4, 28 S., Gh
Bestell-Nr. **140-95**

Systematisch werden Rechtschreib-Strategien eingeübt. Der Einsatz dieses Arbeitsheftes hat sich in LRS-Förderkursen ebenso bewährt wie im herkömmlichen Rechtschreibunterricht.

Wer knackt die Nuss?

Ein Würfelspiel für Freiarbeit zur Vertiefung der Strategie des Ableitens und rhythmischen Verlängerns. Für Klasse 1 bis 6.
Die Themen: Konsonantenverdoppelung nichtklingender Konsonanten; Konsonantenverdoppelung s-Laute; hörbares h; Doppelvokal ee; Konsonantenverdoppelung klingender Konsonanten; Ableitung a – e, äu – eu; Auslautverhärtung

Wer knackt die Nus(s)?
348 Spielkarten, Spielplan, 1 Farbwürfel, 4 Setzer
Bestell-Nr. 140-92

Bestell-Nr. 140-55 · ISBN 978-3-619-01455-2

www.mildenberger-verlag.de
E-Mail: info@mildenberger-verlag.de
Auflage 5 4 3 2
Jahr 2025 2024 2023 2022

Redaktion: Stefanie Drecktrah
Grafik: Mildenberger Verlag GmbH
Illustrationen: Jutta Wetzel, 53721 Siegburg
Druck: Soldan Druck GmbH, 45356 Essen
Gedruckt auf umweltfreundlichen Papieren

Bezugsmöglichkeiten
Alle Titel des Mildenberger Verlags erhalten Sie unter: www.mildenberger-verlag.de oder im Buchhandel. Jede Buchhandlung kann alle Titel direkt über den Mildenberger Verlag beziehen. Ausnahmen kann es bei Titeln mit Lösungen geben: Hinweise hierzu finden Sie in unserem aktuellen Gesamtprogramm.